Fábulas sobre a Difícil Arte de Administrar

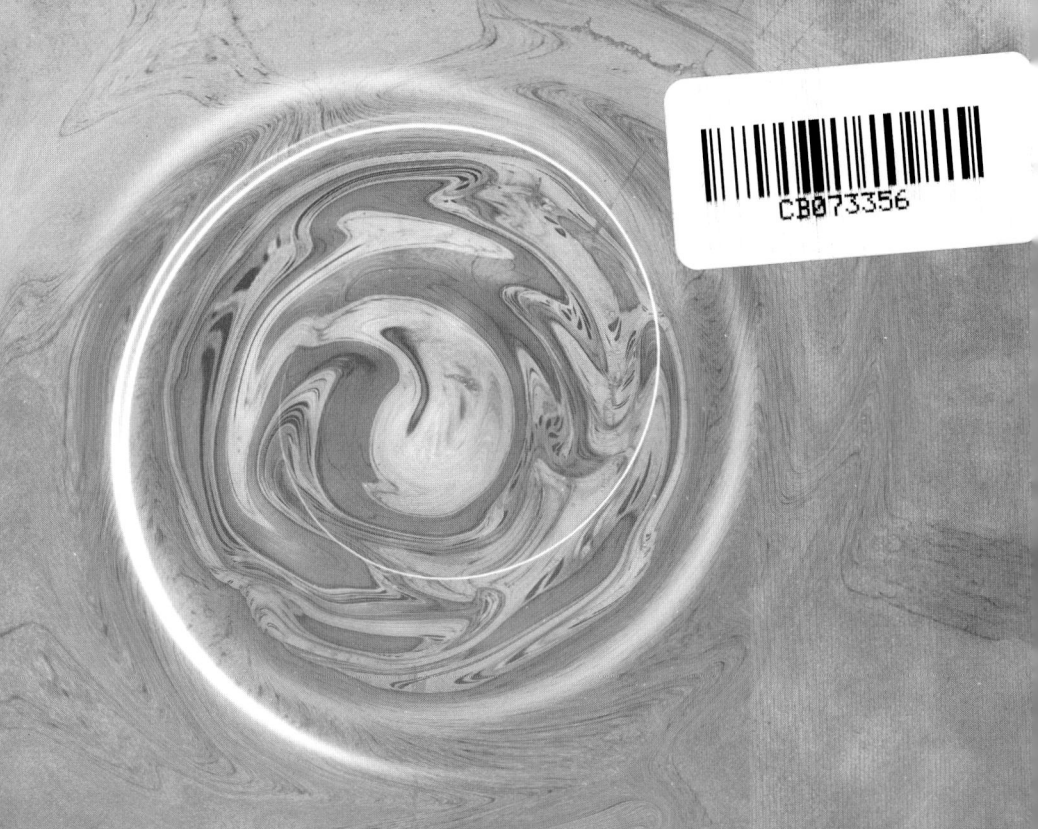

FÁBULAS SOBRE A DIFÍCIL ARTE DE ADMINISTRAR

José Roberto Machado

QUALITYMARK

Copyright© 2007 by José Roberto Machado

Todos os direitos desta edição reservados à Qualitymark Editora Ltda.
É proibida a duplicação ou reprodução deste volume, ou parte do mesmo,
sob qualquer meio, sem autorização expressa da Editora.

Direção Editorial SAIDUL RAHMAN MAHOMED editor@qualitymark.com.br	Produção Editorial EQUIPE QUALITYMARK
Capa WILSON COTRIM	Editoração Eletrônica QUALITYMARK

Ilustrações
Prof. Denis Basílio de Oliveira

CIP-Brasil. Catalogação-na-fonte
Sindicato Nacional dos Editores de Livros, RJ

M131f
    Machado, José Roberto
    Fábulas: sobre a difícil arte de administrar/José Roberto
Machado; [ilustrações Denis Basílio de Oliveira]. – Rio de Janeiro:
Qualitymark, 2007.
    96p. : il.

    ISBN 978-85-7303-695-4

    1. Administração de empresas. I. Título.

07-1541
                                                                                                                       CDD: 658
                                                                                                                        CDU: 65

2007
IMPRESSO NO BRASIL

Qualitymark Editora Ltda. Rua Teixeira Júnior, 441 São Cristóvão 20921-400 – Rio de Janeiro – RJ Tel.: (0XX21) 3094-8400 ou 3860-8422	Fax: (0XX21) 3094-8424 www.qualitymark.com.br E-Mail: quality@qualitymark.com.br QualityPhone: 0800-263311

José Roberto Machado

APRESENTAÇÃO

Desde a primeira infância, as pessoas se acostumam a conhecer a vida através de histórias que permitem que desenvolvam o raciocínio e a memória, sempre que um conhecimento ou uma experiência lhe são transmitidos através de exemplos ou da simbologia das parábolas.

Os animais e as coisas ganham comportamento humano e, como tudo passa a ser gente, seus exemplos são mais sentidos e compreendidos. E não é coisa nova, já que em praticamente todos os livros sagrados de religiões, as parábolas foram usadas para transmitir as idéias mais complexas.

Vem daí a coragem de, através de algumas metáforas espelhadas em parábolas, oferecer este texto com o objetivo de expor à reflexão dos leitores situações observadas no cotidiano das pessoas e organizações.

O AUTOR

José Roberto Machado

"A primeira maneira de educação é dada sob a forma de fábulas, pois o homem é bastante imperfeito para prescindir das mesmas."

Platão

AGRADECIMENTOS

A conclusão deste trabalho seria impossível sem o apoio e a ajuda daqueles que compartilham minha existência e fazem o meu dia-a-dia mais alegre e agradável.

Agradeço a minha esposa e aos meus filhos, sempre dispostos a qualquer sacrifício para que meus sonhos se realizem. Faço também um agradecimento especial ao grande mestre professor Ary Baddini Tavares, sempre paciente e disposto a revisar meus trabalhos além de enriquecê-los com suas valiosas sugestões e, finalmente, agradeço a Deus, inspiração maior, por permitir que eu tenha força e disposição para seguir defendendo meus ideais.

SUMÁRIO

1. Alegoria da Caverna 2
2. Tragédia na Floresta 8
3. Eficiência ou Eficácia? 14
4. Administração: a Arte do Bom Senso 20
5. O Especialista 28
6. Prisioneiros de Astúrias 36
7. A Armadilha 42
8. O Atalho 48
9. O Muro Negro 54
10. O Semeador 62
11. O Homem Sábio 68
    Mensagem Final 76

Fábulas

Fábulas Sobre a Difícil Arte de Administrar

Capítulo 1

ALEGORIA DA CAVERNA

José Roberto Machado

José Roberto Machado

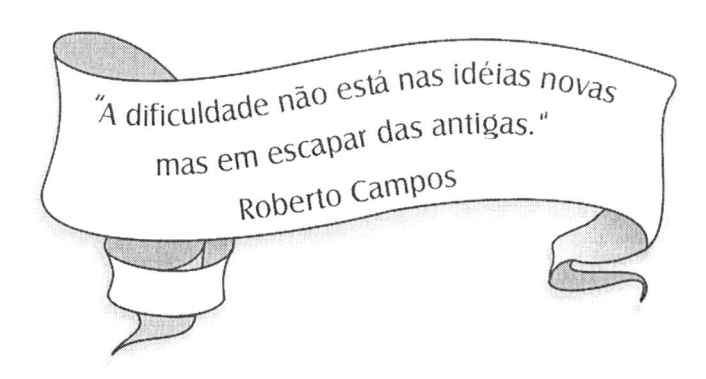

"A dificuldade não está nas idéias novas mas em escapar das antigas."
Roberto Campos

Platão, filósofo grego que nasceu em Atenas no ano 427 a.C., é um dos sábios que construíram, com sua inteligência, a maneira de pensar e de viver no mundo ocidental. Deixou em sua enorme herança um texto, que apesar de escrito há quase 2.500 anos, contém uma mensagem sempre atual.

Sua história conta que homens vivendo em uma caverna, desde a infância, acorrentados de costas para a entrada, somente enxergavam o fundo da caverna. Na frente dos prisioneiros, uma fogueira iluminava toscamente o local.

Os prisioneiros, naquela situação, jamais viram outra coisa senão as sombras distorcidas das pessoas carregando utensílios e objetos que passavam pela frente daquele mundo subterrâneo. O assunto que interessava a todos e do qual falavam eram as sombras, que, para eles, eram coisas muito reais.

O que aconteceria se um desses prisioneiros fosse liberto e levado para fora da caverna? Ofuscado pela luz em um primeiro momento não conseguiria ver claramente os objetos que só conhecia pelas sombras que antes enxergava. Extremamente embaraçado, com certeza diria que as sombras que se acostumou a ver anteriormente são mais verdadeiras que os objetos que ora lhe são mostrados.

Fábulas Sobre a Difícil Arte de Administrar

É evidente que a vida lá fora era melhor, mas necessitaria de algum tempo para se acostumar. Não resta dúvida de que se sentiria feliz com a mudança, lamentando a sorte de seus antigos companheiros, mantidos na escuridão da caverna.

O que aconteceria, entretanto, se nosso homem voltasse para aquele mundo subterrâneo e tivesse que dar opiniões a respeito das sombras refletidas no fundo da caverna? Decerto provocaria risos e os antigos companheiros lhe diriam que, indo para o mundo exterior, voltou com a vista arruinada, e que com certeza não valeria a pena ir até lá, sujeito a tanto sacrifício.

A parábola transmite a idéia de que as pessoas se acomodam nas situações em que são postas, abominando a mudança, ridicularizando as novidades, acreditando que o que sabem e fazem é o melhor e o mais correto. Mesmo quando alguém vem testemunhar as vantagens da mudança, trazendo a realidade da nova situação e enaltecendo suas conseqüências.

A sociedade, hoje, está inserida em um contexto de rápidas e intensas mudanças. O fenômeno da globalização possibilitou às empresas e às pessoas acesso às novas tecnologias e a processos mais modernos e eficientes e é preciso que elas estejam sempre atentas e dispostas a aceitar mudanças que possam, de alguma forma, trazer benefícios pessoais e organizacionais.

As realidades conhecidas são modificadas com extrema rapidez. Atitudes de resistência a mudanças, por conservadorismo ou por falta de conhecimento ou informações, levam inevitavelmente pessoas e organizações à estagnação.

Vivemos em um mundo dinâmico, em que todo conhecimento anterior pode não valer nada em um futuro próximo. Mudança é a palavra do momento, mas, no entanto, qualquer mudança significa risco. Vivemos esperando que o futuro seja melhor, que a violência, sob todas as suas formas, diminua e que surjam mais e melhores empregos. Aguardar que as mudanças venham de fora para dentro é uma atitude passiva. A mudança pressupõe atitudes baseadas em coragem e determinação. Entretanto, se continuarmos a fazer coisas da maneira como sempre fizemos, certamente continuaremos obtendo aquilo que sempre obtivemos.

Como os habitantes da caverna, descritos por Platão, quantas pessoas em suas vidas ou mesmo dentro de uma organização têm sua visão de realidade distorcida por ignorância, temor às mudanças e até mesmo por manipulação?

Quando são propostas mudanças, grande parte das pessoas resiste, considerando essas mudanças como falsas realidades, mesmo quando elas trazem, especialmente para os outros – mais dinâmicos – resultados satisfatórios.

Não se deixe transformar no prisioneiro da caverna descrito pelo filósofo grego Platão há quase 2.500 anos. Tenha interesse por novos conhecimentos e, sobretudo, tenha curiosidade, coragem e determinação para pô-los em prática.

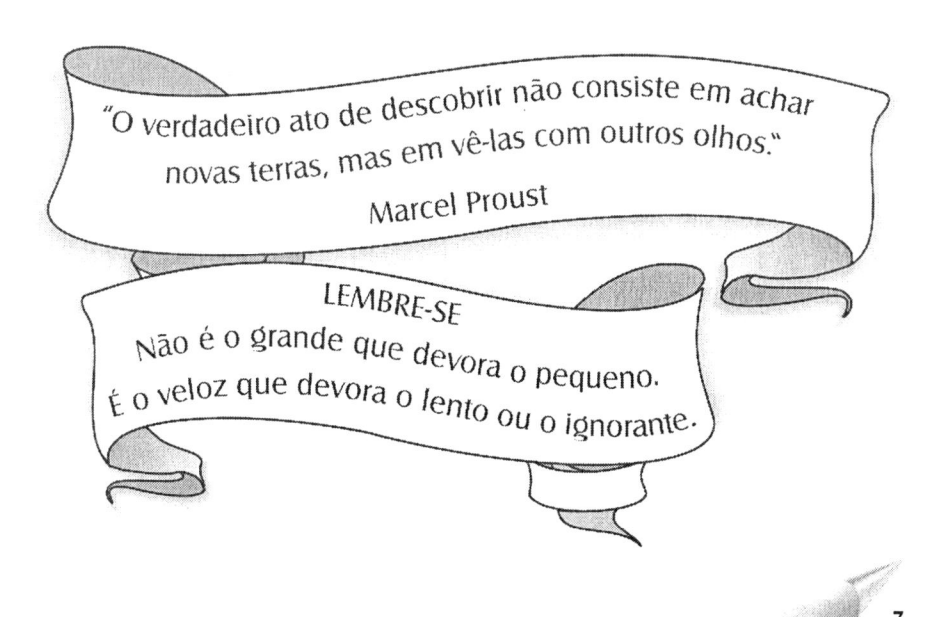

"O verdadeiro ato de descobrir não consiste em achar novas terras, mas em vê-las com outros olhos."
Marcel Proust

LEMBRE-SE
Não é o grande que devora o pequeno.
É o veloz que devora o lento ou o ignorante.

Fábulas Sobre a Difícil Arte de Administrar

Capítulo 2

TRAGÉDIA NA FLORESTA

José Roberto Machado

José Roberto Machado

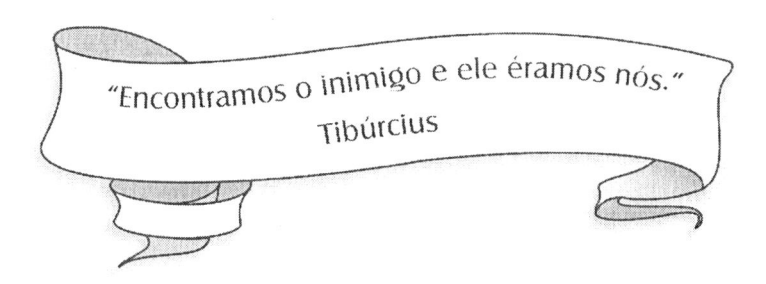

"Encontramos o inimigo e ele éramos nós."
Tibúrcius

Esta é do tempo em que os animais falavam. Conta-se que certa vez correu um boato na floresta dizendo que o céu ia desabar na cabeça de todos.

O desespero tomou conta dos bichos, que começaram a correr em todas as direções, sem saber a quem recorrer ou, pelo menos, onde ficar. No meio do caos que se instalou na bicharada, era trombada e gritaria, sem qualquer sentido e sem qualquer alternativa. Até que, em determinado momento, o tigre avistou um passarinho deitado tranqüilamente com as patas para o alto e as asas recostadas no solo.

O tigre, surpreso com a cena, não compreendendo o que o pássaro estava fazendo, perguntou: "Você não ouviu a notícia de que o céu a qualquer momento irá desabar?"

"Claro que ouvi", foi a resposta. "Eu estou aqui, nesta posição para tentar segurá-lo."

"Mas você não vai conseguir", insistiu o tigre.

O passarinho retrucou: "O que vai acontecer eu não sei ao certo, estou somente fazendo a minha parte!"

O céu está permanentemente caindo na cabeça de todos. A todo momento acontecimentos indesejáveis ocorrem sem ou contra a vontade das pessoas, atingindo às vezes duramente quem quer que esteja vivo. Parece um milagre que essas mesmas pessoas durem tanto tempo, enfrentem tantas dificuldades e, às vezes, se considerem até felizes e agradecidas com sua sorte. Mas que o céu cai, cai mesmo!

O que faz a diferença é a atitude diante dos desafios e dos infortúnios. Existem três tipos de pessoas: as que deixam acontecer, as que perguntam o que aconteceu e as que fazem acontecer. Cabe a cada um escolher o grupo ao qual deseja pertencer.

O mundo certamente seria melhor ou, pelo menos, haveria possibilidade de uma melhor convivência entre os homens, se cada um simplesmente e espontaneamente apenas procurasse fazer a parte que lhe coubesse ao invés de encontrar desculpas ou culpar os outros pelos seus fracassos e frustrações. Esconder a cabeça em um buraco é atitude de avestruz. É uma forma disfarçada de aceitar em vez de combater o infortúnio.

Não são os que se escondem que vencem na vida. Os grandes exemplos de pessoas que chegaram ao sucesso são, na maioria das vezes, proporcionados pelos que não se deixaram abalar pela iminente queda do céu e acreditaram em suas potencialidades e em seus sonhos, com determinação e coragem para pô-los em prática.

Vencedor é aquele que faz acontecer. Boas idéias, muitos têm; mas transformá-las em realizações, são poucos os que conseguem. Entre uma boa idéia e sua realização existe uma grande distância.

É difícil repartir o sucesso, mas também não é justo transferir o fracasso.

Portanto, lamentações, culpar outras pessoas pelas dificuldades encontradas não são a melhor forma de resolver problemas pessoais e empresariais.

Melhor do que lamentar é enfrentar e sair da inércia.

José Roberto Machado

Por mais adversas que possam parecer determinadas situações, cada um deve fazer a parte que lhe cabe. Tenham a certeza de que sempre valerá mais a pena acender uma vela do que amaldiçoar a escuridão.

Capítulo 3

EFICIÊNCIA OU EFICÁCIA?

José Roberto Machado

José Roberto Machado

Certa noite chuvosa de inverno, dois mendigos foram recolhidos da rua e, como estavam com aparência abatida, antes de irem para o albergue foram encaminhados a um hospital da região.

Os mendigos foram atendidos por médicos diferentes.

O primeiro médico examinou o paciente e lhe disse:

"Você não tem nenhuma doença grave, está com elevado nível de estresse e um pouco anêmico, o que está fazendo com que fique extremamente debilitado".

E concluiu: "Recomendo que saia de São Paulo, indo preferencialmente para uma região com clima mais quente, faça uma alimentação balanceada, rica em carne para reposição de ferro no organismo e em pouco tempo estará curado".

Dizendo isso, o liberou.

Dois dias depois o mendigo veio a falecer.

O segundo médico fez o mesmo diagnóstico, constatando a anemia e o estresse. Entretanto, suas recomendações foram diferentes.

Deixou o mendigo durante aquela noite tomando soro, isso após mandar alimentá-lo com um prato de sopa, e pela manhã o liberou.

Pela rapidez e correção do diagnóstico, é possível concluir que os dois médicos foram eficientes e conseguiram detectar os mesmos problemas. Porém, o segundo médico além de eficiente foi também eficaz. Procurou resolver a situação com os recursos que dispunha no momento.

E realmente resolveu.

No exemplo, fica clara a diferença entre eficiência e eficácia. Situações análogas a essas ocorrem na vida pessoal e profissional da maioria das pessoas. Felizmente, na grande maioria dos casos, sem óbito a lamentar.

Muitas vezes esforços e recursos são eficientemente direcionados para atividades de pouco ou nenhum retorno, com pouca eficácia.

No mundo empresarial, a situação se agrava quando o indivíduo ineficaz exerce um cargo de comando dentro de uma organização, tomando decisões que não agregam qualquer valor à vida das pessoas ou às atividades executadas.

Quem comanda atividades produtivas deve, sem medir esforços, evitar desperdícios de qualquer natureza, especialmente de tempo e dinheiro.

É fundamental que consiga distinguir e se concentrar no que é realmente importante.

Antes de tudo, conhecer e aceitar os conselhos de Peter Drucker, um dos maiores gurus da administração moderna:

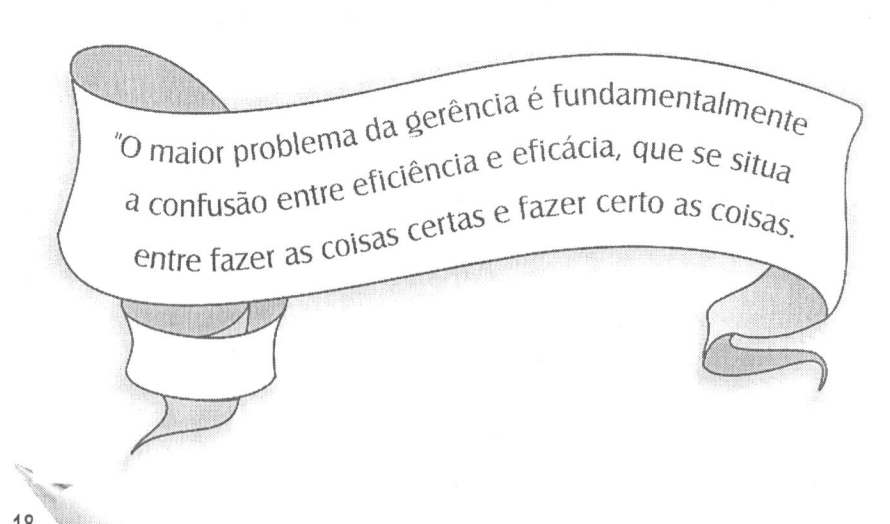

"O maior problema da gerência é fundamentalmente a confusão entre eficiência e eficácia, que se situa entre fazer as coisas certas e fazer certo as coisas."

Certamente não há nada tão inútil como fazer com grande eficiência, aquilo que simplesmente não deveria ter sido feito. O que aconteceria se isso não tivesse sido feito? Se a resposta for nada, então a conclusão óbvia é deixar de fazê-lo".
Peter Drucker

Capítulo 4

Administração: a Arte do Bom Senso

José Roberto Machado

José Roberto Machado

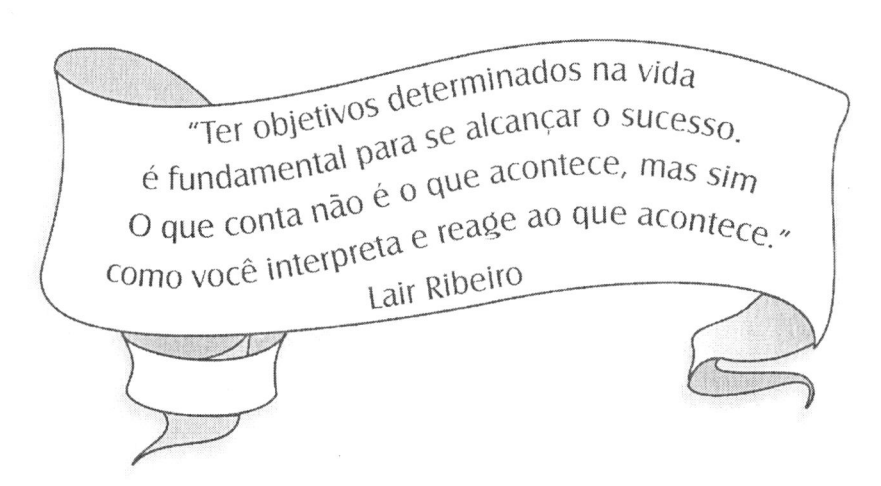

> "Ter objetivos determinados na vida é fundamental para se alcançar o sucesso. O que conta não é o que acontece, mas sim como você interpreta e reage ao que acontece."
> Lair Ribeiro

As ciências humanas, e dentre elas destacamos a Administração, por serem práticas se aproximam da arte e acabam sendo definidas sob vários pontos de vista.

Uma das várias definições de administração e, na opinião deste autor, a mais abrangente, é a que diz que "Administração é a arte do bom senso".

A definição começa qualificando a administração como arte, pela liberdade de escolha dos métodos e caminhos a percorrer.

A ciência da administração se baseia nos princípios geralmente aceitos mas sua aplicação é arte e pode sofrer variações, de acordo com a personalidade de quem os aplica.

Por isso mesmo, precisa de muito bom senso. A expressão **bom senso** pode parecer à primeira vista um tanto quanto subjetiva.

Mas a melhor maneira de esclarecer seu significado está em estabelecer uma analogia com alguma situação marcante já ocorrida, onde ele fique bem evidente.

Fábulas Sobre a Difícil Arte de Administrar

O Velho Testamento descreve o Rei Salomão como o mais ilustre monarca de Israel (961 a.C. a 920 d.C.). O filho de David destacou-se pela sabedoria em razão de suas decisões em questões polêmicas e pela forma com que administrava os conflitos entre seus súditos. É fácil imaginar a complexidade de reinar sobre um povo que vivia sob permanente conflito com os vizinhos.

Entre as histórias registradas sobre sua vida, uma das mais interessantes é a que conta que, certa feita, cansado e desalentado de tanto solucionar questões e dirigir aquela gente complicada, pediu, em suas preces, ajuda ao Senhor.

Deus, que jamais o abandonou, como resposta apareceu em sonhos e concedeu a Salomão três desejos que pudessem se tornar a ferramenta de que precisava para cumprir a árdua tarefa de dirigir seu povo naqueles tempos difíceis.

Salomão deu graças àquela visão maravilhosa e, com humildade, formulou seus desejos, pedindo que Deus lhe concedesse virtudes. Foram elas: resignação, coragem e sabedoria.

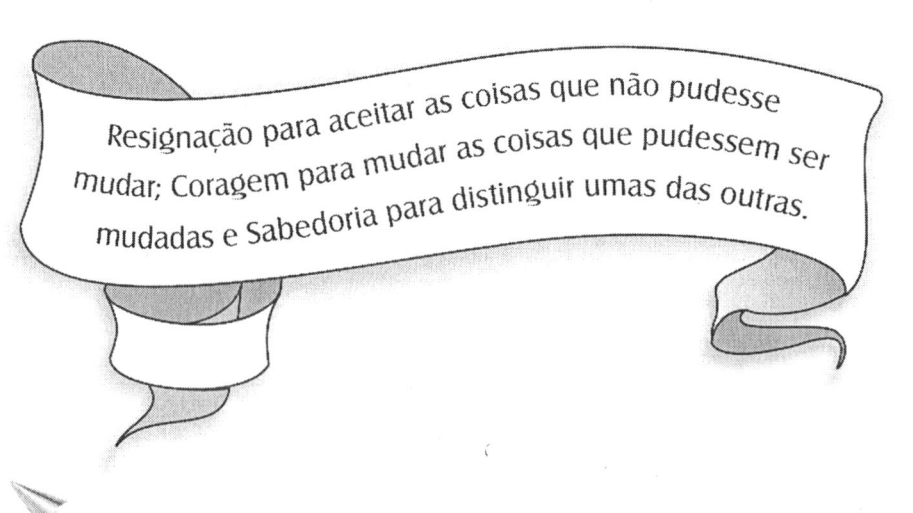

> Resignação para aceitar as coisas que não pudesse mudar; Coragem para mudar as coisas que pudessem ser mudadas e Sabedoria para distinguir umas das outras.

Salomão, na verdade, não queria pouco.

Queria um predicado bastante raro e de imenso valor para quem responde pelo destino de outras pessoas. O rei havia sintetizado sua angústia e pediu ao Senhor, tão-somente bom senso.

Bom senso é, ao mesmo tempo, Resignação, Coragem e Sabedoria.

Situações semelhantes às do rei dos judeus estão permanentemente desafiando os que, mesmo em seu pequeno mundo, se defrontam com decisões nem sempre fáceis de tomar.

No mundo empresarial essas decisões ocorrem com freqüência e, para que não gerem arrependimento, devem ser tomadas sempre levando em conta os componentes do bom senso. Os exemplos são infinitos, mas, apenas para figurá-los, lembre-se de alguns:

RESIGNAÇÃO – Existem situações que fogem da área de controle do empresário, dentre elas mudanças na conjuntura econômica, carga tributária, taxas de juros e tantas outras. São questões com as quais o empresário tem que aprender a conviver, já que não tem o poder de modificá-las.

Conviver com elas, entretanto, não o exime de procurar caminhos que, dentro do possível, diminuam os impactos negativos em suas atividades.

CORAGEM – Em um mundo cada vez mais competitivo, deve ter ânimo para aceitar e implementar mudanças imprescindíveis à modernização e continuidade do negócio, mesmo quando essas decisões o tirem de uma situação aparentemente mais confortável.

Além disso, deve aceitar e enfrentar riscos calculados que possam promover a expansão e a melhoria de seu empreendimento.

SABEDORIA – Para que possa distinguir o que pode e deve ser mudado e quando, compreendendo o que foge do seu poder decisório e precisa ser administrado.

Reconhecendo que bom senso é administração e que pode e deve ser usado em todas as ações humanas, não é difícil compreender que tudo deve ser administrado.

Administrar a educação dos filhos, a saúde, a vida social, a vida religiosa e até mesmo a própria felicidade. A Administração é, seguramente, a função mais abrangente da vida humana.

Nada que se faça terá êxito se não for bem administrado. Um simples passeio precisa ser planejado e exige várias decisões, como o que levar, tempo de permanência no local, onde fazer as refeições etc. Imagine, então, como é importante administrar bem uma atividade empresarial com suas múltiplas facetas.

O sucesso de qualquer ação, tanto na vida pessoal quanto na vida empresarial, sempre vai depender de um bom planejamento e da organização necessária. Em suma, de uma boa administração.

José Roberto Machado

**FÁBULAS
Sobre a Difícil
Arte de
Administrar**

Capítulo 5

O Especialista

José Roberto Machado

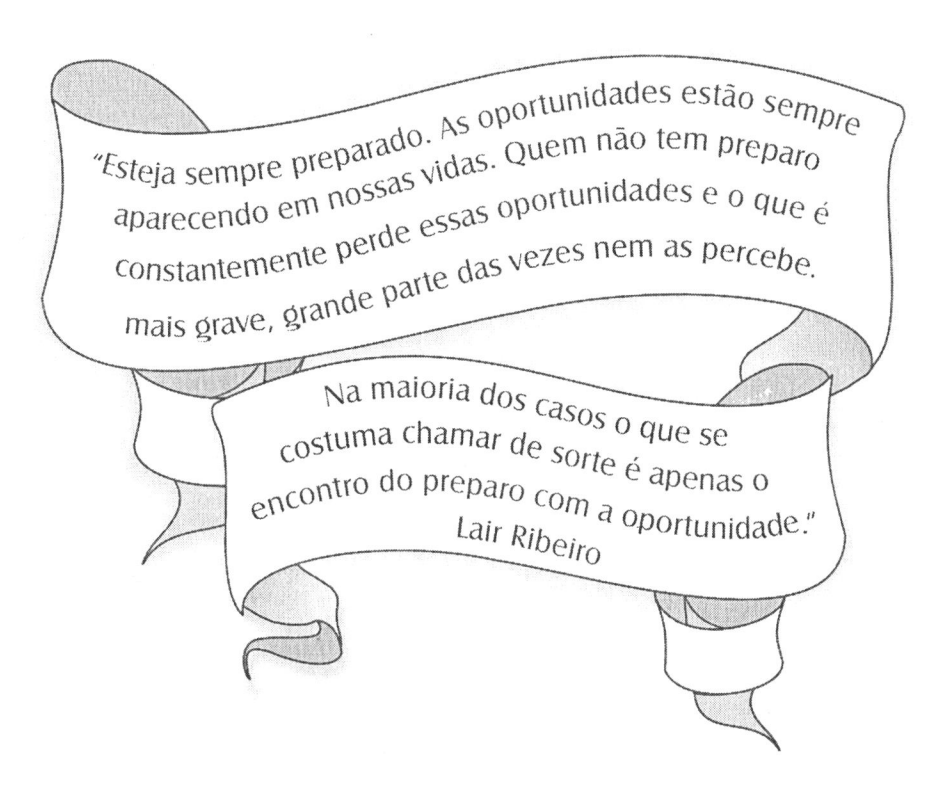

"Esteja sempre preparado. As oportunidades estão sempre aparecendo em nossas vidas. Quem não tem preparo constantemente perde essas oportunidades e o que é mais grave, grande parte das vezes nem as percebe. Na maioria dos casos o que se costuma chamar de sorte é apenas o encontro do preparo com a oportunidade."
Lair Ribeiro

Quanto vale o trabalho alheio?

Não se surpreenda com a história que, não sendo nova, recebeu um banho de atualização tecnológica para combinar com os tempos atuais.

Uma empresa de grande porte, com praticamente todas suas operações informatizadas, estava com grave problema em um computador altamente complexo, do qual dependia a maior parte de sua produção.

Os prejuízos da paralisação poderiam ser medidos até em minutos perdidos e toda a administração polarizou sua atenção na solução do problema.

Fábulas Sobre a Difícil Arte de Administrar

A primeira medida, imediata, foi chamar um competente especialista, na certeza de que o problema seria resolvido com a urgência necessária, para que interrompesse o considerável prejuízo provocado pela paralisação.

Chegando o técnico, ele imediatamente sentou-se à frente do monitor, ficou pensativo por alguns minutos e desligou o computador. O gerente ansioso postou-se ao lado e, tenso, aguardava alguma informação e o diagnóstico do problema.

O técnico, impassível, tirou uma chave de fenda de sua mala de ferramentas, apertou um dos incontáveis parafusos que faziam parte do sofisticado equipamento e, ligando novamente o computador, fez alguns testes e informou que a pane estava resolvida e a máquina funcionando perfeitamente.

O gerente, surpreso e aliviado, perguntou:

"Quanto a empresa lhe deve?"
"Dez mil reais", respondeu calmamente o especialista.
"Dez mil reais?", retrucou o gerente. "É um preço absurdo por 15 minutos de trabalho. Além disso o serviço ficou limitado ao aperto de um parafuso."

O especialista, balançando a cabeça, informou:

"O senhor não precisa fazer o pagamento agora. Amanhã lhe mandarei a fatura, acompanhada de um relatório completo do conserto". E foi embora.

No dia seguinte, pelas mãos de um motoboy, chegou o relatório do reparo. O gerente o leu várias vezes com muito cuidado e após alguns minutos de reflexão mandou efetuar o pagamento.

José Roberto Machado

O relatório definia claramente o trabalho desempenhado:

Serviços prestados:

- Apertar um parafuso............................1 real
- Saber qual parafuso apertar..........9.999 reais
- Total...10.000 reais

Veja o mundo como é nos tempos atuais. Não pense que sua vida é um filme de época e que a humanidade poderia viver como uma imensa comunidade Amish, aqueles fundamentalistas americanos que não têm eletricidade, automóvel ou qualquer máquina e que, com seus carroções, usam apenas o que a terra lhes dá.

No passado, a população se concentrava nas atividades do campo, produzindo, com baixa eficiência, os alimentos. Com o passar do tempo, boa parte foi para a cidade, para se concentrar nas atividades manufatureiras.

O campo, por seu turno, aumentou a produtividade, compensando o êxodo rural e oferecendo alimento para satisfazer a enorme massa urbana que se concentrava.

Mais recentemente, as indústrias se modernizaram, aumentaram a produtividade e hoje, poucos, suprem todos de alimentos e bens industriais.

E o resto da população?

Foi para os serviços. E é neles que provavelmente o leitor trabalha, recebendo em troca sua remuneração que lhe permite comprar alimentos, o carro e a enorme tralha que literalmente abarrota sua casa.

É para esse mundo novo que se precisa estar preparado.

Sua arma é a competência. Cada um faz praticamente uma única tarefa e deve fazê-la como um bem preparado especialista, atualizando-se com a velocidade da evolução tecnológica e impondo sua experiência ao mercado, como mercadoria rara e, portanto, de alto valor.

> "Morre lentamente... Quem não lê, Quem não viaja, Quem não encontra graça em si mesmo, Quem se transforma em escravo do hábito, repetindo todos os dias o mesmo trajeto."
>
> Pablo Neruda

José Roberto Machado

FÁBULAS
Sobre a Difícil
Arte de
Administrar

Capítulo 6

Prisioneiros de Astúrias

José Roberto Machado

José Roberto Machado

Esta fábula vai exigir que você construa, mentalmente, a imagem do campo de prisioneiros de nossa história, procurando compreender a incrível situação dos personagens. E um pouco mais, lembrar-se de quantas vezes o seu sucesso dependeu de fiel entendimento prévio, com outras pessoas, personagens reais de sua história de vida.

Astúrias era um campo de prisioneiros que só existe aqui. Esses prisioneiros eram divididos em grupos e cada grupo ocupava uma cela, onde eram acorrentados formando um círculo.

No centro do círculo havia um grande caldeirão com uma suculenta e apetitosa sopa, único alimento que lhes era oferecido. Como os prisioneiros ficavam distantes do caldeirão, para se alimentarem usavam uma colher com um comprido cabo que chegava até a sopa.

O inconveniente é que a colher alcançava a sopa porém, por ser extremamente longa, não conseguia voltar e chegar até a boca dos prisioneiros. Desespero: eles não podiam se alimentar, apesar da comida estar tão perto.

O comandante do campo, certa vez, foi fazer uma vistoria nos prisioneiros e teve uma surpresa: a maior parte das celas estava lotada de prisioneiros esqueléticos e mal nutridos, apesar da comida farta ser oferecida diariamente. Entretanto, em uma delas, os prisioneiros estavam fortes e bem alimentados.

Seria um milagre? Ou haveria, entre os guardas, algum que tivesse sido benevolente e libertado os prisioneiros no horário das refeições? Que diabos estava acontecendo naquela cela?

Nada disso. O comandante, homem inteligente, compreendeu o que se passava e explicou aos seus acompanhantes, com um sorriso nos lábios:

– Não se trata de milagre. Os prisioneiros desta cela aprenderam, na prática, o significado da palavra parceria e passaram a alimentar uns aos outros. Como o cabo da colher é muito grande, cada um a coloca no caldeirão e alimenta quem está em sua frente, do outro lado. Assim, todos enchem a colher e todos comem.

Parceria é, antes de tudo, uma atitude. É uma forma inteligente de oferecer para receber, com vantagens para todos. No mundo corporativo, parceria é hoje o grande diferencial competitivo das pessoas, das empresas, das regiões e das nações.

O mundo aprendeu o significado do associativismo, uma outra palavra consagrada para significar parceria, e está se unindo em blocos econômicos. Não há melhores exemplos do que o Mercosul, a União Européia, o Nafta etc.

Os homens de negócio bem-sucedidos dão mais importância a uma relação de parceria do que de concorrência. O cliente, o fornecedor, os funcionários e até mesmo empresas concorrentes precisam ser vistos como parceiros de negócios, nunca como rivais sobre os quais cada um precisa, sempre, levar vantagem.

Leva vantagem aquele que compreende que a melhor situação ocorre quando todos se beneficiam. Na matemática do mesquinho, quando um ganha, alguém perde. Na parceria, entretanto, a soma é diferente: todos ganham e a relação é sempre saudável e duradoura.

Uma atitude sincera e leal é o pressuposto para uma parceria bem-sucedida. Até porque, quem age com deslealdade acaba sendo desmoralizado.

Uma frase bastante conhecida, que retrata bem esta idéia, é a seguinte: "É possível enganar uma pessoa por um longo período de tempo. Também é possível enganar um grupo de pessoas por um curto período de tempo. Entretanto é impossível enganar a todos o tempo todo".

No mundo empresarial, da mesma forma que para os prisioneiros da nossa história, ter um parceiro muitas vezes é questão de sobrevivência.

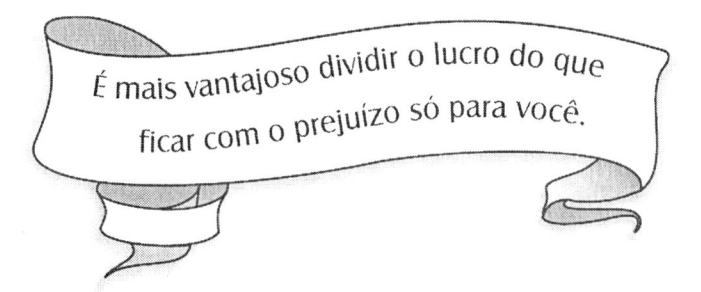

> É mais vantajoso dividir o lucro do que ficar com o prejuízo só para você.

Capítulo 7

A ARMADILHA

José Roberto Machado

José Roberto Machado

"Ninguém, uma vez que ande em meio as caóticas correntes da vida, vive sem problemas."
Carl Jung

Certo dia, um fazendeiro e sua esposa chegaram em casa com um lindo pacote colorido. Ao abrirem o pacote, foram observados pelos olhares curiosos de um pequeno rato que habitava o local.

Aberto o embrulho, o pobre rato, perplexo, viu que se tratava de uma grande e reluzente ratoeira. Saindo em desabalada carreira, foi avisar os demais habitantes da fazenda sobre a sua horrenda descoberta, que punha em risco a vida de todos.

O primeiro a ser avisado foi o porco, que para surpresa do ratinho não ficou nem um pouco abalado pela descoberta e ainda comentou que tal artefato não tinha como machucá-lo, portanto não representava perigo.

O rato continuou sua missão e avistou a galinha que ciscava indolentemente. Ao ser avisada da ratoeira, informou que o máximo que podia fazer era rezar para que o rato não fosse apanhado e disse sorrindo não ter lembrança de aves presas em ratoeiras.

Por fim, o pequeno animal, ofegante, se dirigiu às pastagens da fazenda onde encontrou a vaca fazendo sua refeição diária.

Ao ser informada do ocorrido, soltou uma gostosa gargalhada, dizendo ao rato que nada tinha a temer, perguntando:

– Você não percebeu o meu tamanho? Por que devo ter medo de uma mísera ratoeira? E acrescentou:

– Esse é um problema que só diz respeito a você; por isso, trate de resolvê-lo sem importunar quem nada tem a ver com o caso.

O rato, desesperado, sem ter a quem recorrer, ficou escondido tentando achar uma solução para aquele angustiante problema que punha em risco sua vida. Naquela noite a ratoeira foi armada e, durante a madrugada, a esposa do fazendeiro, ouvindo um barulho na sala, foi verificar se a armadilha preparada tinha dado os resultados esperados.

Entretanto, o que de fato aconteceu foi que uma desavisada cascavel adentrou a casa e foi apanhada pela ratoeira. A fazendeira, na escuridão da noite, não se deu conta do ocorrido e foi mordida pela cobra. Foi uma correria. Luzes se acenderam e o fazendeiro em desespero levou a esposa para o hospital mais próximo.

No dia seguinte retornou com a esposa devidamente medicada mas ainda ardendo em febre por conta do veneno do asqueroso réptil. O fazendeiro pensando no restabelecimento dela, decidiu preparar uma suculenta e substanciosa canja. Nem é preciso dizer que a galinha foi sacrificada.

Aquele fazendeiro era um homem muito querido na região e no período de convalescença da esposa recebeu muitas visitas. Preocupado com o que iria oferecer aos visitantes, decidiu matar o porco, preparando com sua carne tenra algumas iguarias.

Passado um mês do ocorrido, finalmente a mulher recebeu alta médica. Tal foi o contentamento do marido, que ele resolveu oferecer um grande churrasco aos amigos que o confortaram durante aquele período difícil. Tinha chegado a vez da vaca!

Nunca pense que as coisas ruins nunca acontecerão com você. Tenha atitude para modificar os acontecimentos que possam de alguma forma prejudicá-lo. Pense que é impossível não existir tropeços em sua vida.

O mundo corporativo não é muito diferente do que aconteceu na fazenda da nossa história. É comum os dirigentes de empresas imaginarem que fatos externos ocorridos no dia-a-dia não apresentam grande influência sobre seus negócios, esquecendo que toda mudança que acontece na economia provoca um impacto no mercado, atingindo dessa forma, em maior ou menor escala, todas as empresas.

Reflita sobre um pensamento de um monge do lamaísmo:

> "A vida é uma roda que gira mecanicamente com todas as circunstâncias agradáveis e desagradáveis. Não podemos deter a roda.
>
> As situações boas ou más, nunca deixarão de se repetir e jamais terão uma solução final. A única coisa que podemos fazer é mudar nossa atitude ante os eventos da vida.
>
> Mudar de atitude consiste em enxergar a verdade, viver a realidade e sentir a felicidade."

Não cometa o mesmo erro dos animais daquela fazenda, pensando que as "ratoeiras" que aparecem durante a vida não podem afetar quem aparentemente está imune a elas.

Capítulo 8

O Atalho

José Roberto Machado

José Roberto Machado

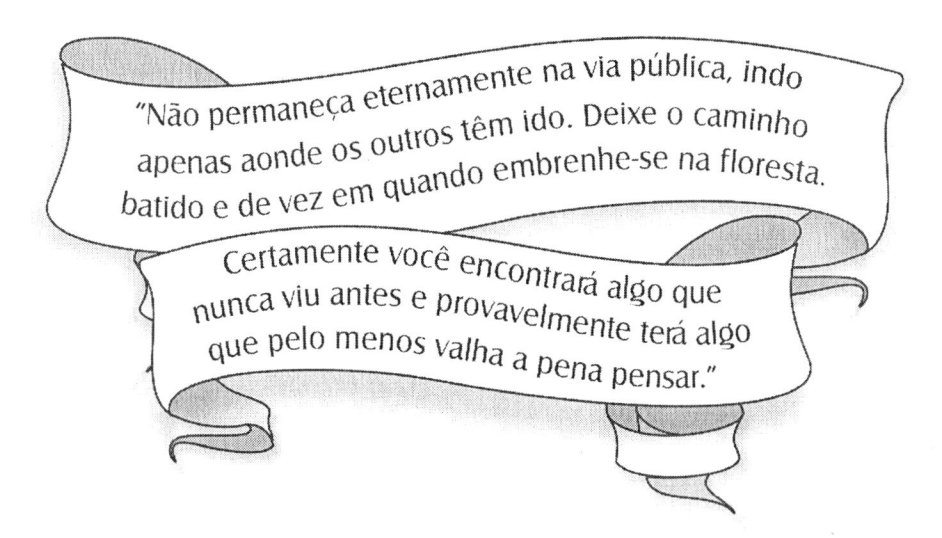

"Não permaneça eternamente na via pública, indo apenas aonde os outros têm ido. Deixe o caminho batido e de vez em quando embrenhe-se na floresta. Certamente você encontrará algo que nunca viu antes e provavelmente terá algo que pelo menos valha a pena pensar."

Certa vez, um carneiro, líder de seu rebanho, para voltar as suas pastagens precisou atravessar um trecho de floresta virgem. O animal, sem noção de direção, iniciou um caminho tortuoso, repleto de curvas e obstáculos, com aclives e declives acentuados, formando uma trilha irregular que cortava parte da densa floresta.

Com o decorrer do tempo, outros animais passaram a utilizar-se daquele caminho improvisado.

Tempos mais tarde, homens que cruzavam a floresta passaram a usar aquela trilha, esforçando-se para vencer os obstáculos e o faziam quase sempre praguejando e reclamando da sorte.

Após longo tempo de uso, aquela trilha se transformou em uma pequena estrada que servia para transporte de carga através de animais que, resfolegantes, faziam tremendo esforço para vencer aquele trecho de floresta.

Com a chegada de colonos na região que fundaram uma vila, a pequena estrada acabou se transformando em uma rua importante.

Fábulas Sobre a Difícil Arte de Administrar

Na floresta, vivia um velho sábio que, assistindo a todos esses acontecimentos, se divertia com a ignorância dos homens, que seguiam como cegos a trilha feita há anos pelo rebanho de carneiros, como se fosse um caminho único, sem se dar conta de que poderiam construir uma estrada em condições muito melhores, em linha reta, economizando tempo e sofrimento.

Os homens têm a tendência de seguir por caminhos traçados por outras pessoas, repetindo o que outros fizeram, sem ter a coragem de propor mudanças. Nota-se, pelos infindáveis exemplos oferecidos por situações vivenciadas a todo momento, que a principal razão de resistência a mudanças é o medo do futuro. A mudança representa uma ameaça contra tudo aquilo que acreditamos e resistimos em modificar.

"Resistimos a novas tecnologias, a novos métodos de trabalho, a novos costumes, a novos modos de pensar. Resistimos a mudanças em nossos planos e a mudanças em nosso estilo de vida.

O mesmo padrão serve de base para nossa resistência em nível global. É por isso que os agricultores continuam a degradar o solo, que as empresas continuam a comprar madeira nas florestas tropicais, que as indústrias continuam a poluir a água e o ar...

José Roberto Machado

> "...É por isso também que o mundo continua a gastar 750 bilhões de dólares por ano em armamentos, em vez de investir em alimentos, saúde pública, habitação e educação."
> Peter Russel: O Buraco Negro no Tempo

Se não abandonarmos nossos temores em relação às mudanças, tendo novas atitudes, aceitando que as mudanças não poderão ser impedidas por mais que se resista a elas, descobriremos, provavelmente tarde demais, que o medo foi o motivo de nossos fracassos.

Capítulo 9

O Muro Negro

José Roberto Machado

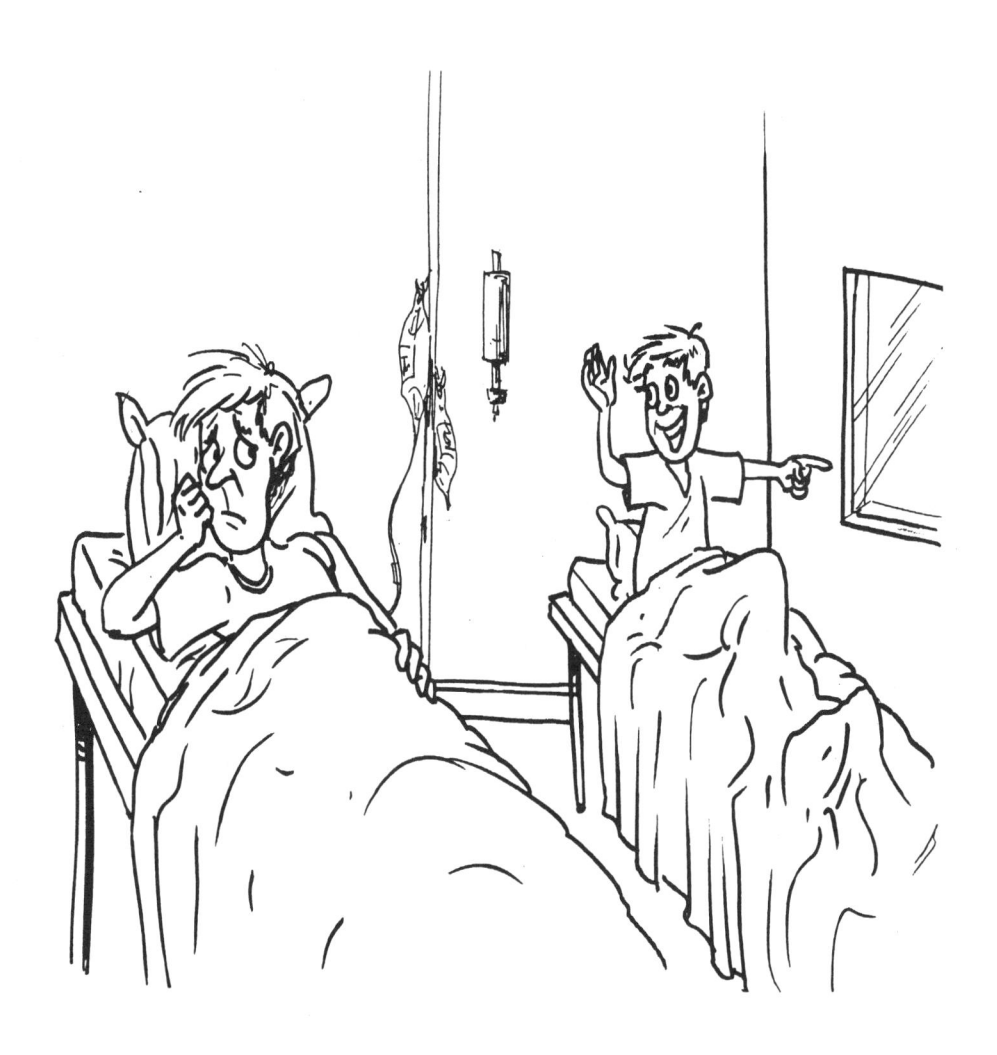

José Roberto Machado

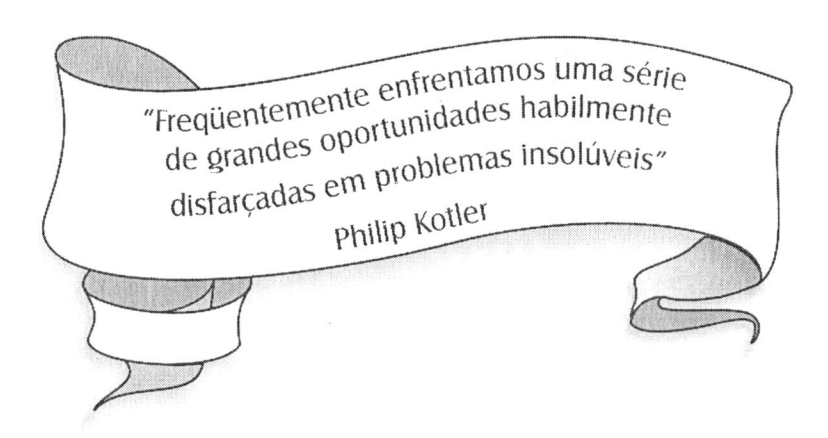

> "Freqüentemente enfrentamos uma série de grandes oportunidades habilmente disfarçadas em problemas insolúveis"
> Philip Kotler

Esta história aconteceu em um quarto de hospital, localizado em uma grande cidade. No quarto havia dois leitos, um próximo à janela e outro distante dela. Deitados nos leitos estavam dois pacientes sofrendo da mesma enfermidade.

Todas as manhãs, o paciente que estava no leito próximo à janela falava com seu companheiro de quarto:

– Venha até a janela. O dia está maravilhoso. Pássaros cantando, carros passando, crianças brincando, é um belo espetáculo!

O paciente que ocupava o leito distante da janela retrucava mal humorado:

– Estou sentindo muitas dores e quase não posso me mover, não tenho o menor interesse em observar o que ocorre no mundo lá fora.

Diariamente aquela cena se repetia, até que um certo dia o paciente que ficava próximo à janela obteve alta médica.

Na manhã seguinte, sozinho em seu leito, sem ter com quem conversar o doente remanescente pensou:

– O meu colega de quarto falava tanto no movimento da rua lá fora que estou com vontade de fazer um esforço e me aproximar daquela janela.

Arrastando-se com grande esforço, o doente finalmente conseguiu se aproximar da janela e ficou perplexo com a cena avistada: em frente a ela um grande muro negro.

Imediatamente esbravejou: O meu colega de quarto era mesmo um maluco, foi muito bom ele ter saído daqui.

Entretanto, o paciente que recebeu alta não era nenhum maluco. Era um homem que sabia perfeitamente distinguir as circunstâncias da realidade.

Sabia que aquele muro negro era proporcionado pelas circunstâncias provocadas pela doença. Porém, a realidade que ele queria e enxergava ia além daquele muro.

O mundo corporativo apresenta facetas múltiplas: algumas ações praticadas levam ao sucesso enquanto em outras acontecerá o fracasso. O importante é estarmos preparados tanto para as vitórias como para enfrentar as adversidades.

O problema é que grande parte das pessoas não consegue conviver com algumas derrotas que a vida impõe. Ficam deprimidas, frustradas e, a partir daí, esse sentimento de revolta as impede de tentar novos projetos.

Quantas vezes acordamos pela manhã, o dia lá fora em toda sua plenitude, e conseguimos enxergar apenas um grande muro negro?

Lembrem-se: Todos podem ser melhores do que já são. Tentar atingir a excelência é um objetivo comum. O que os vencedores procuram é ir além da excelência.

E quando as coisas em determinados momentos não derem certo, não se preocupe, apenas procure novas maneiras de enfrentar e resolver o problema.

Não importa o que aconteça, o que realmente importa é como você reage aos acontecimentos. Pense que existe uma força maior regendo nossas vidas.

Você pode fracassar e cair cem vezes, Deus vai levantá-lo cento e uma vezes, porque para ELE não importa quantas vezes você caia, importa quantas vezes você queira levantar.

Não permita que pessoas negativas, que na maioria das vezes não atingem o sucesso almejado, possam interferir em sua vida, com suas lamentações, suas histórias de fracassos ou pessimismo.

Procure não dar muita atenção e, se possível, não ouvir esse tipo de gente.

Para ilustrar essa afirmativa, vejam a seguir uma história atribuída ao grande filósofo Sócrates:

Conta-se que certa vez, um homem abordou Sócrates e lhe disse:
– Meu amigo, preciso revelar-lhe algo muito grave.

O sábio prudentemente respondeu:
– Posso antes dessa revelação fazer-lhe três perguntas?

O visitante espantado concordou:
– Sim meu caro amigo, pode perguntar.

Primeira pergunta:
– Tem absoluta certeza de que o que queres me comunicar é verdadeiro?

O interlocutor ponderou:
– Olhe, assegurar com precisão que seja verdade não posso... Mas ouvi dizer...

Segunda pergunta:
– Será pelo menos bom o que queres me contar?

Hesitando o homem replicou:
– Bom não é, muito pelo contrário...

Terceira pergunta:
– O que tanto te afliges pelo menos é algo útil?
– Útil??

Disse o visitante muito agitado.
– Útil não é...

O filósofo finalizou a conversa com um sorriso:

– **Se o que queres me contar não é verdadeiro nem bom e nem útil, esqueçamos o problema e não te preocupes mais com ele.**

Sigam o exemplo do nosso grande filósofo, que em sua imensa sabedoria não se prendia a acontecimentos que não agregavam qualquer valor ou conhecimento a sua vida

José Roberto Machado

Procure sempre lembrar que, por piores que possam parecer determinadas circunstâncias, precisamos procurar enxergar sempre muito além de um muro negro.

Capítulo 10

O Semeador

José Roberto Machado

José Roberto Machado

Em uma cidade do interior vivia um agricultor que todos os anos participava de uma competição instituída na região para premiar a melhor colheita de milho.

Esse agricultor há vários anos seguidos vencia a competição, apesar do número de concorrentes ser expressivo.

Neste ano não foi diferente. Após a premiação, aproximou-se do vencedor um outro agricultor, que perguntou qual o segredo de colher um milho tão bonito.

A resposta foi surpreendente e deixou boquiaberto quem ouvia a conversa.

– Eu entrego parte das sementes do meu milho para os agricultores vizinhos. Para se conseguir cultivar um milho de excelência, temos que ajudar os plantadores vizinhos a melhorar sua plantação.

E explicou:

– O pólen é levado através do vento para outros campos de milho. Se os meus vizinhos cultivarem milho de baixa qualidade, fatalmente minha plantação receberá o pólen desse milho ruim, piorando sua qualidade. Portanto, quem quiser cultivar milho de boa qualidade terá que ajudar seus vizinhos a também terem uma qualidade melhor.

O agricultor, de uma forma bastante simples, mostrou que para se conseguir sucesso é importante destinar parte desse sucesso para aqueles que o cercam.

Mais do que isso, o sucesso acontece quando partilhamos o que temos de melhor e conseguimos também obter o que outras pessoas têm de melhor a oferecer. O resultado de tudo isso se chama **SINERGIA**, que acontece quando a soma das partes é maior do que o todo.

Fábulas Sobre a Difícil Arte de Administrar

Aquele agricultor quando percebeu que para ter o melhor milho era necessário que seus companheiros também cultivassem milho de excelência, estava na verdade, sem saber ao certo, utilizando modernos preceitos da ciência da Administração no que se refere ao trabalho compartilhado.

O problema é que muitas vezes o óbvio não consegue ser visto por grande parte das pessoas e é o que faz a diferença.

Até observando alguns tipos de animais, aprendemos lições importantes sobre como trabalhar em equipe.

Quando as pessoas avistam pássaros voando em formação imitando a letra "V", podem pensar que se trata apenas de coincidência. Mero engano!

Vocês sabiam que essas aves, apesar de serem animais irracionais, viajam dessa forma para atingirem alguns objetivos?

– O bater de asas de uma ave cria uma sustentação para a ave seguinte e, conseqüentemente, esse tipo de formação permite que o grupo voe pelo menos 70% a mais do que cada ave isoladamente.

– Quando uma ave sai da formação, ela perde a sustentação e imediatamente retorna à formação para se beneficiar da força de viajar em grupo.

– Quando a ave que puxa a formação se cansa, ela vai para a parte de trás do grupo, passando para outra a liderança e mantendo dessa forma a harmonia do grupo.

– Quando uma das aves tem um problema, adoece ou se fere, duas outras aves saem da formação para ajudá-la até estar em condições de integrar uma outra formação.

José Roberto Machado

"Pessoas que caminham em uma mesma direção com espírito de equipe chegam ao seu destino mais depressa e facilmente, porque se apóiam na confiança uma das outras. Existe força e segurança no grupo quando se viaja na mesma direção com pessoas que compartilham um objetivo comum.

É vantajoso o revezamento quando se necessita fazer um trabalho árduo. Além disso, todos necessitam ser reforçados com apoio ativo e encorajamento dos companheiros."

Fonte: ADEMPE – Associação dos Empresários da Pequena e Média Empresa no Brasil – Como Organizar e Dirigir uma Empresa.

A lição que podemos tirar desse grupo de aves viajando juntas é que na vida profissional sempre nos deparamos com situações semelhantes.

A maioria dos problemas empresariais é resolvida com sucesso quando eles são trabalhados em equipe.

Firmar parcerias de sucesso que beneficiam a todos serve de motor propulsor para novos projetos.

Capítulo 11

O Homem Sábio

José Roberto Machado

José Roberto Machado

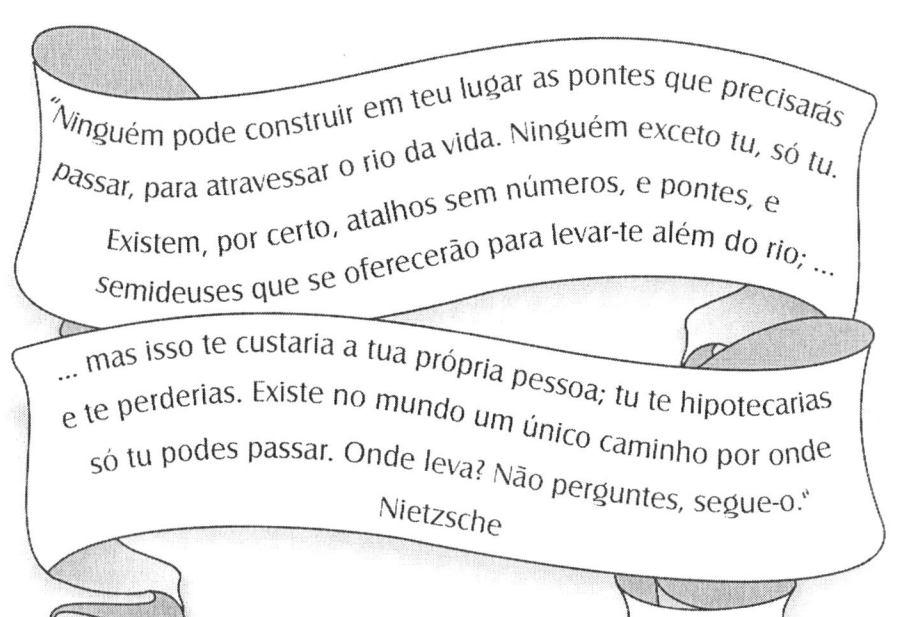

"Ninguém pode construir em teu lugar as pontes que precisarás passar, para atravessar o rio da vida. Ninguém exceto tu, só tu. Existem, por certo, atalhos sem números, e pontes, e semideuses que se oferecerão para levar-te além do rio; ... ... mas isso te custaria a tua própria pessoa; tu te hipotecarias e te perderias. Existe no mundo um único caminho por onde só tu podes passar. Onde leva? Não perguntes, segue-o."
Nietzsche

Onde se esconde a felicidade?

Atraído principalmente pela riqueza ostentada pelo templo de Taj Mahal, um grande empresário resolveu fazer uma visita ao Oriente, para ter inspiração que lhe propiciasse ainda maior sucesso em seus negócios.

Depois de ver a majestade do monumento, seu luxo, e de tentar mentalmente calcular quanto custaria nos tempos atuais e quanto poderia render como empreendimento, se fosse de sua propriedade, ficou sabendo pelo guia que o acompanhava que em um lugarejo próximo vivia um famoso sábio, extremamente respeitado pelo seu povo e muito procurado por pessoas de todas as partes em busca de seus conselhos e ensinamentos.

Não muito crédulo, achou interessante fazer uma visita ao tão falado sábio, mais por curiosidade do que para ouvir dele conselhos que pudessem ser úteis à sua ascensão no mundo empresarial.

A visita foi decepcionante. Chegando ao local, o visitante não escondeu sua frustração e decepção ao ver que o homem venerado por todos era não mais do que um senhor de idade avançada, quase maltrapilho, morando em uma minúscula habitação, com poucos e modestos móveis, não mais do que uma cama, uma mesa, uma cadeira e um velho armário cheio de livros.

Não se contendo, foi logo perguntando: "Onde estão os seus móveis?"

O velho, com um breve olhar ao seu redor, retrucou: "E onde estão os seus?"

Surpreso ao receber uma pergunta como resposta, respondeu: "Os meus? Eu não tenho móveis, estou aqui somente de passagem".

"Eu também", disse o sábio. E concluiu: "Estamos na Terra somente de passagem, embora alguns vivam como se fossem ficar aqui eternamente, esquecendo de ser felizes".

Sabedoria é sensatez. Não é cultura nem fortuna acumuladas mas, principalmente, a compreensão da importância de viver e de aproveitar a vida que – até que se prove em contrário – é uma só.

A história procura transmitir a idéia de que o caminho para encontrar a felicidade não é aquele de apego ilimitado aos bens materiais, em detrimento de idéias, sentimentos e informações.

José Roberto Machado

Na vida empresarial é comum se observar pessoas que se deixam escravizar pela busca ilimitada do sucesso material, escravizando, igualmente, os que com elas trabalham.

Também cometem um imperdoável equívoco os empresários que consideram tecnologia e recursos materiais mais importantes do que aqueles que transformam esses recursos em resultado para a empresa.

Erram os que ainda pensam como os capitalistas do século XIX, que afirmavam que o objetivo das empresas é exclusivamente o lucro. Ele é importante, sem dúvida, para garantia da continuidade dos negócios e como atrativo para novos investidores. Mas há muito mais coisa envolvida, além dos simples resultados numéricos.

A empresa produz bens e serviços, que são entregues à comunidade, que paga por eles. Preocupar-se com a qualidade, pensando na clientela, é uma das missões da empresa. Seus fornecedores e empregados retiram dela seu sustento. O governo, cobrando impostos, pode manter-se e oferecer à coletividade um sem-número de serviços essenciais. Aliás, até a vida no planeta depende da consciência do empresário, que, ao produzir, deve também estar atento às questões ambientais.

Duas palavras, dois conceitos, não podem ser esquecidos por quem pretende produzir, ter sucesso e ser feliz: ética e cidadania.

Os negócios são sérios mas não se deve esquecer de que o maior investimento de uma empresa é o ser humano. O mundo vive a era do conhecimento, onde o capital intelectual é o diferencial do sucesso de qualquer empreendimento, econômico ou não. Portanto, as pessoas devem ser tratadas com muito zelo e cuidado. São elas as responsáveis pelas grandes transformações do mundo.

Para falar francamente, não fossem as pessoas, qual o interesse que o mundo poderia despertar? E em quem? O mundo é de gente e tem cerca de 7 bilhões de proprietários e a maior parte deles excluída dos benefícios do progresso dos tempos atuais.

Pelo tamanho e pela heterogeneidade da população mundial, não temos a noção exata do que acontece.

Entretanto, se fizermos um exercício mental reduzindo essa população para 100 pessoas, mantidas as proporções atuais, teríamos o seguinte panorama:

Das 100 pessoas,
- 80 viveriam em condições subumanas;
- 70 não saberiam ler;
- 50 seriam desnutridas;
- 1 (somente uma) teria formação universitária;
- 1 (somente uma) teria um computador.

Fora todo esse horrendo quadro, ainda temos as guerras, o terrorismo, vitimando milhares de inocentes em todo o mundo, além de outras várias formas de opressão.

Ao fazer uma análise de uma perspectiva tão reduzida, fica muito mais clara a necessidade de educação e, sobretudo, de entendimento entre as pessoas e os povos. Não chegou a hora de cada um e de todos fazerem alguma coisa por eles?

Reflita sobre o que foi dito até aqui, lembrando sempre dos seguintes fatos:

- Se você nunca experimentou os perigos da guerra, a solidão de estar preso, a agonia de ser torturado, ou a aflição da fome, está melhor do que 500 milhões de pessoas.

• Se você pode ir à sua igreja sem medo de ser humilhado, preso, torturado ou morto... Então é mais afortunado do que 3 bilhões de pessoas no mundo.

• Se você tem comida na geladeira, roupa no armário, um teto sobre sua cabeça e um lugar onde dormir, é mais rico do que 75% da população mundial.

• Se você guarda dinheiro no banco, na carteira, e tem algumas moedas em um cofrinho... já está entre os 8% mais ricos deste mundo.
(Adaptado de "O mundo em miniatura" – veiculado na Internet)

Refletindo sobre tudo o que foi apresentado, podemos facilmente perceber a importância fundamental e imprescindível de pessoas como fonte permanente de sabedoria, prosperidade e acima de tudo a necessidade de contarmos com elas em nossas principais empreitadas. Esse conceito vale para a família, amigos, colegas e funcionários. Sem eles certamente a vida teria muito pouco sentido.

Em vista de tudo isso, o velho sábio da história provavelmente diria:

"Antes de lamentar a má sorte, ficar infeliz ante as incertezas da vida, sentir-se injustiçado e descontente, lembre-se deste pequeno mundo e, provavelmente, você verá que é uma pessoa extremamente privilegiada".

Fábulas Sobre a Difícil Arte de Administrar

MENSAGEM FINAL

Ao término desta obra, quero lembrar aos caros leitores que o sucesso está sempre caminhando ao lado das pessoas que acreditam nele, pessoas vencedoras que têm várias características comuns:

• Nunca consideram as tarefas que se apresentam impossíveis de serem realizadas.

• Jamais ficam perturbadas com as intempéries da vida.

• E, acima de tudo, estão sempre felizes buscando suas vitórias pessoais e profissionais.

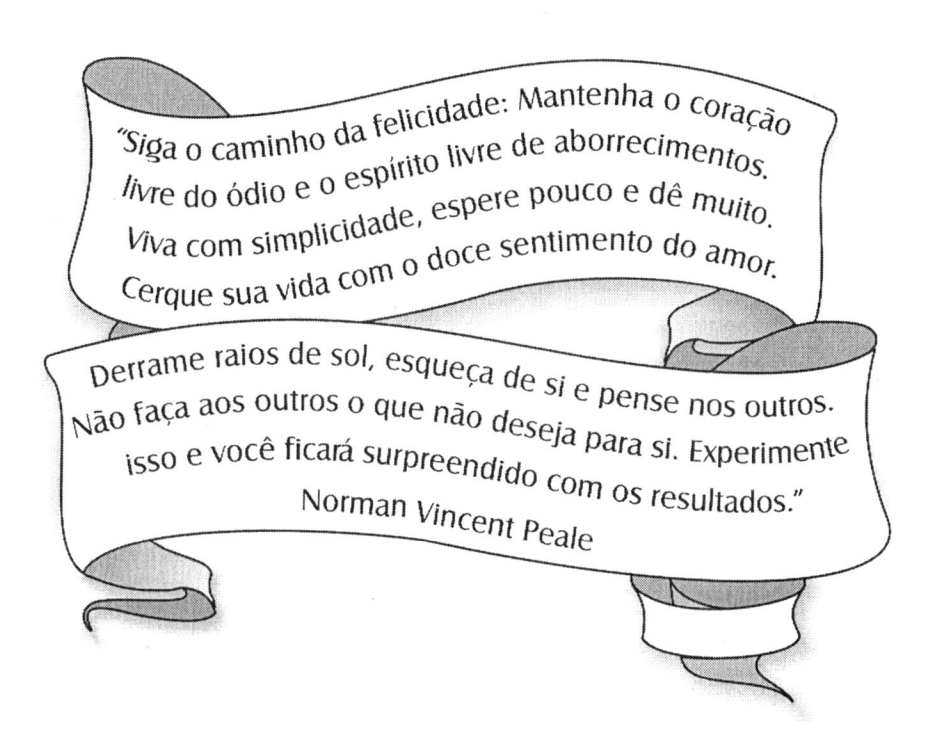

"Siga o caminho da felicidade: Mantenha o coração livre do ódio e o espírito livre de aborrecimentos. Viva com simplicidade, espere pouco e dê muito. Cerque sua vida com o doce sentimento do amor. Derrame raios de sol, esqueça de si e pense nos outros. Não faça aos outros o que não deseja para si. Experimente isso e você ficará surpreendido com os resultados."
Norman Vincent Peale

Seja uma dessas pessoas vitoriosas e felizes:

"Engate seu vagão em uma estrela, sonhe alto, pense grande. Acredite que o sucesso é o seu parceiro inseparável. Mantenha seus pensamentos acesos pelo entusiasmo e ligados nas coisas boas da vida.

Grandes homens começaram como você, mas se tornaram grandes porque alimentaram permanentemente grandes pensamentos, grandes metas.

Você quer assegurar um futuro maravilhoso? É simples: viva o presente de forma maravilhosa, porque aquilo que você semeia hoje, colhe amanhã."

Lauro Trevisan – O Poder Infinito de sua Mente

Como última recomendação, sugiro que todas as escolhas e decisões importantes que se toma na vida, sejam elas relacionadas à família, ao trabalho, aos amigos e tantas outras que fazem parte da existência, sejam feitas com entusiasmo, dedicação e, sobretudo, com amor, porque sem ele nada tem sentido.

Proponho como mensagem final uma reflexão sobre um trecho de um velho conto chinês descrito a seguir:

José Roberto Machado

O amor é um exercício de jardinagem. Arranque o que faz mal, prepare o terreno e semeie, seja paciente, regue e cuide. Esteja preparado porque haverá pragas, secas, excesso de chuvas, mas nem por isso abandone o seu jardim.

Ame, ou seja, aceite, valorize, respeite, dê afeto, ternura, admire e compreenda.

Simplesmente AME !!!

Porque:

- A inteligência sem amor te faz perverso.
- A justiça sem amor te faz implacável.
- A diplomacia sem amor te faz hipócrita.
- O êxito sem amor te faz arrogante.
- A riqueza sem amor te faz avarento.
- A docilidade sem amor te faz servil.
- A pobreza sem amor te faz orgulhoso.
- A beleza sem amor te faz ridículo.
- A autoridade sem amor te faz tirano.
- O trabalho sem amor te faz escravo.
- A simplicidade sem amor te deprecia.
- A lei sem amor te escraviza.
- A política sem amor te deixa egoísta.
- A vida sem amor... não faz sentido.

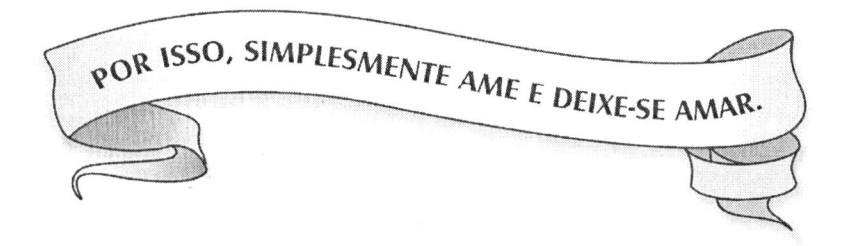

POR ISSO, SIMPLESMENTE AME E DEIXE-SE AMAR.

GESTÃO EMPRESARIAL EM ORGANIZAÇÕES APRENDIZES

A Arte de Gerir Mudanças

Autor: Martius V. Rodriguez Y. Rodriquez
Nº de páginas: 344
Formato: 16 x 23cm

Esta obra traz uma experiência acumulada de mais de 15 anos, a partir da qual, são apresentados os novos paradigmas à Sociedade do Conhecimento e sobre como as empresas reagem a estas mudanças e aos respectivos desafios que precisam enfrentar. Nela são explorados os elementos que impulsionam a mudança, em especial o aspecto tecnológico e o seu impacto na vida das pessoas e das organizações.

O livro possui questões estratégicas a serem respondidas nos processos de mudança, assim como estudo de caso que exemplifica e torna a leitura fácil e agradável, a partir de correlações com o dia-a-dia de empresários e gestores de empresas.

São apresentadas aqui, formas de identificar, planejar, implementar e avaliar os processos de mudança, além de indicar formas de gestão do capital intelectual das organizações e elementos de gestão que devem ser considerados na construção de uma empresa.

O objetivo deste livro é despertar nos leitores a importância de serem construídas Empresas Orientadas ao Aprendizado e ao Conhecimento, de modo que elas possam estar em permanente processo de aprendizagem, quebrando a cada momento suas próprias regras, a partir de uma permanente redescoberta de si mesmas.

Fábulas Sobre a Difícil Arte de Administrar

A ARTE DE ADMINISTRAR PEQUENOS NEGÓCIOS - 2ª EDIÇÃO

Autor: José Roberto Machado
Nº de páginas: 112
Formato: 16 x 23cm

O livro tem como objetivo auxiliar empresários e administradores de pequenas empresas na condução diária dos negócios, além de apresentar uma visão global da influência do mercado e da conjuntura econômica no sucesso do empreendimento. Com uma linguagem pouco técnica e bastante simples, a apresentação desta obra é feita através de experiências práticas, transformadas em estudos de casos, que têm como finalidade fixar os principais conceitos administrativos e financeiros em situações vivenciadas no cotidiano das empresas.

José Roberto Machado

GESTORES, GURUS E GÊNIOS

Suas Estratégias Administrativas

Autor: Marco Antônio de Araujo
Nº de páginas: 364
Formato: 16 x 23cm

Neste livro, você vai conhecer as contribuições dos principais gestores da indústria automobilística para a Administração, desde 1900 até os dias atuais. Nomes como Henry Ford, que dispensa apresentações, Taichii Ohno, que revolucionou o mundo com as práticas gerenciais da Toyota, Lee Iacoca, criador do Mustang, Carlos Ghosn, revitalizador da Nissan, dentre outros, são a fonte de inspiração para o autor, que criou a metodologia DO JOB, inspirada em cinco ferramentas administrativas que devem ser estudadas de forma integrada: downsizing, outsourcing, just in time, objective e benchmarking. Estas metodologias estão relacionadas com os departamentos "fim" de uma organização, que envolvem, respectivamente, Recursos Humanos, Processos Logística, Orçamento e Marketing.

Sempre de forma didática e de rápida compreensão, Gurus, Gestores e Gênios mostra como homens fizeram a diferença com idéias simplesmente geniais.

Entre em Sintonia com o Mundo

QualityPhone

0800-263311

Ligação Gratuita

Qualitymark Editora Ltda.

Rua Teixeira Júnior, 441
São Cristóvão. CEP 20921-405 - RJ
Tel.: (0XX21) 3860-8422 ou 3094-8400
Fax: (0XX21) 3094-8424

www.qualitymark.com.br
E-mail: quality@qualitymark.com.br

DADOS TÉCNICOS

FORMATO:	16 x 23
MANCHA:	12 x 19
CORPO:	12
ENTRELINHA:	14
FONTE TÍTULOS:	Verdana
FONTE TEXTO:	Castle
TOTAL DE PÁGINAS:	96